Carnotaurus

Grace Hansen

Abdo
DINOSAURIOS
Kids

Abdo Kids Jumbo es una subdivisión de Abdo Kids
abdobooks.com

abdobooks.com

Published by Abdo Kids, a division of ABDO, P.O. Box 398166, Minneapolis, Minnesota 55439. Copyright © 2023 by Abdo Consulting Group, Inc. International copyrights reserved in all countries. No part of this book may be reproduced in any form without written permission from the publisher. Abdo Kids Jumbo™ is a trademark and logo of Abdo Kids.

Printed in the United States of America, North Mankato, Minnesota.

052022

092022

Spanish Translator: Maria Puchol

Photo Credits: Alamy, iStock, Science Source, Shutterstock, Thinkstock, ©Ali Eminov p.9 / CC BY-NC 2.0, ©Dawn Pedersen p.19 / CC BY 2.0, ©Travail personnel p.21 / CC BY-SA 3.0

Production Contributors: Teddy Borth, Jennie Forsberg, Grace Hansen
Design Contributors: Dorothy Toth, Pakou Moua

Library of Congress Control Number: 2021951644

Publisher's Cataloging-in-Publication Data

Names: Hansen, Grace, author.

Title: Carnotaurus/ by Grace Hansen.

Other title: Carnotaurus. Spanish

Description: Minneapolis, Minnesota: Abdo Kids, 2023. | Series: Dinosaurios

Identifiers: ISBN 9781098263355 (lib.bdg.) | ISBN 9781098263911 (ebook)

Subjects: LCSH: Carnotaurus--Juvenile literature. | Dinosaurs--Juvenile literature. | Carnivorous animals--Juvenile literature. | Paleontology--Cretaceous--Juvenile literature | Dinosaurs--Behavior--Juvenile literature. | Extinct animals--Juvenile literature. | Spanish language materials--Juvenile literature.

Classification: DDC 567.90--dc23

Contenido

El Carnotaurus 4

Hábitat. 6

Cuerpo. 8

Alimentación 16

Fósiles 18

Más datos 22

Glosario. 23

Índice. 24

Código Abdo Kids 24

El Carnotaurus

El Carnotaurus fue un gran **terópodo**. Vivió a finales del **período Cretácico**. ¡Hace 70 millones de años aproximadamente!

Hábitat

El Carnotaurus vivió en lo que hoy en día es América del Sur. Habitaba en humedales y planicies cerca de las costas.

Cuerpo

El Carnotaurus medía alrededor de 30 pies de largo (9.1 m). Pesaba entre 2,000 y 3,000 libras (entre 900 y 1,400 kg).

9

Para el cuerpo tan grande que tenían, sus brazos eran diminutos e inútiles. Además, sus pequeños dedos no le servían.

El Carnotaurus tenía las patas grandes y fuertes. Las patas y la cola le ayudaban a correr rápido. La cola medía 13 pies de largo (3.96 m) y le servía para balancearse.

Tenía cuernos encima de los ojos que medían alrededor de 6 pulgadas de largo (15.24 cm). Probablemente los usaban para pelear o cazar.

15

Alimentación

Carnotaurus significa "toro carnívoro". Convivió entre animales mucho más pequeños que él. En su hábitat fue un **superdepredador**.

17

Fósiles

José Bonaparte descubrió y nombró al Carnotaurus. Bonaparte fue un famoso **paleontólogo**.

José Bonaparte

19

El primer **fósil** de carnotaururs fue desenterrado en Argentina en 1984. Bonaparte encontró un esqueleto de Carnotaurus casi completo.

Más datos

- Los Carnotaurus no se daban entre ellos grandes golpes con sus cuernos. En su lugar, al pelear es más probable que se empujaran unos a otros con los lados de la cabeza.

- Para cazar a sus presas el Carnotaurus solía dar mordiscos rápidos. Podía hacerlo porque su presa habitual era pequeña y rápida.

- El Carnotaurus fue uno de los animales más rápidos de su época.

Glosario

fósil – restos, impresiones o rastros de sustancias que vivieron hace mucho tiempo, por ejemplo esqueletos, huellas, etc.

paleontólogo – científico que estudia paleontología, esta ciencia estudia los fósiles de animales y plantas para averiguar información del pasado.

período Cretácico – período dentro de una era geológica que empezó hace 145 millones de años. El final del período Cretácico supuso la extinción masiva de los dinosaurios hace alrededor de 66 millones de años.

superdepredador – que no tiene depredadores naturales, situándose en lo alto de la cadena alimentaria.

terópodo – dinosaurio del suborden de los saurisquios, como el Tiranosaurus rex y el Velociraptor; caracterizado por sus huesos huecos y sus extremidades con tres dedos funcionales, normalmente andan a dos patas y tienen brazos muy cortos.

Índice

alimento 16

América del Sur 6, 20

Argentina 20

Bonaparte, José 18, 20

brazos 10

caza 14, 16

cola 12

correr 12

cuernos 14

fósiles 20

hábitat 6, 16

largo 8, 12

ojos 14

patas 12

peso 8

tamaño 4, 8, 10, 12

¡Visita nuestra página **abdokids.com** para tener acceso a juegos, manualidades, videos y mucho más!

Los recursos de internet están en inglés.

Usa este código Abdo Kids

DCK2422

¡o escanea este código QR!

24